COUP D'OEIL

SUR

LA POLITIQUE

DU

SECOND EMPIRE.

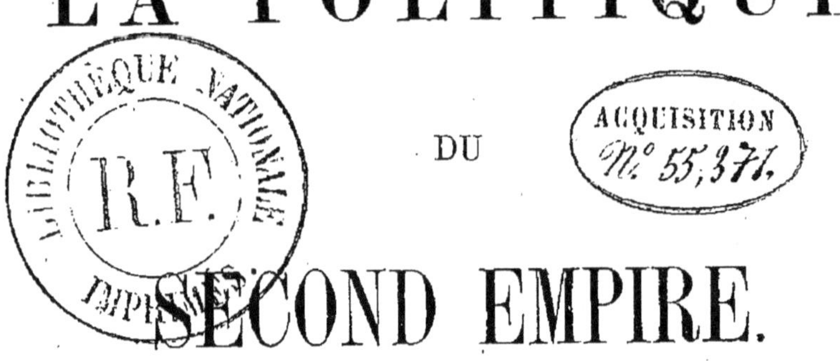

„What was done in France was a wild
attempt to methodize anarchy; to
perpetuate and fix disorder.“
(Burke: Appeal from the New to the
Old Whigs.)

MARS, 1871.

RATISBONNE.

G. J. MANZ, LIBRAIRE-ÉDITEUR.

PRÉFACE.

Ces pages n'ont pas été écrites sous le coup des évènements dont nous sommes témoins. Elles sont publiées par un homme qui a été mêlé aux évènements de son temps et qui a toujours vu clairement deux choses: la première, que depuis 89 la France se trouvait placée en dehors des lois vitales qui régissent toutes les sociétés humaines; la seconde, qu'une parodie misérable du premier Empire, loin de la sauver, ne pouvait que précipiter sa ruine. Ses prévisions pessimistes ont été dépassées. Il ne veut que promener le lecteur à travers les causes qui ont amené une catastrophe prodigieuse, sans aucune autre préoccupation que celle d'être vrai.

Cette grande leçon mérite d'être étudiée, car la chute de la France n'est pas seulement la chute d'une nation qui a occupé le premier rang dans le monde, elle est la fin d'une civilisation toute entière! —

Deux brochures ont paru récemment, dont l'origine n'est pas contestée.. Elles ont pour but d'expliquer les motifs qui ont dicté les résolutions les plus importantes du règne de Napoléon III. et de répondre aux clameurs de l'opinion publique.

A travers les défaillances du style et de la pensée, les stratagèmes grossièrement ourdis pour masquer la vérité, les efforts stériles pour justifier un système politique à jamais condamné, ces écrits jettent quelques lueurs sur les faits et, bien compris, ne contredisent pas l'arrêt que les esprits éclairés peuvent déjà prononcer sur le drame du second Empire et qui sera celui que l'histoire enregistrera dans ses annales inexorables.

Le Prince Louis-Napoléon Bonaparte était né pour être un épicurien vulgaire, l'aveugle fortune en fit un puissant souverain. Il n'avait nourri son. intelligence des traditions napoléoniennes que pour les rabaisser au niveau de sa médiocrité. Son ignorance en tout ce qui concerne la guerre, l'administration, les finances, était extrême. Toutes ses idées étaient tournées vers la ruse, la dissimulation, la fourberie. Mr. Guizot l'a bien jugé, en disant à un ami, dès 1853: „L'Empereur a du talent, oui, mais c'est le talent d'un conspirateur." Les aventuriers de bas étage qui avaient entouré sa jeunesse, lui avaient donné des hommes la plus triste opinion. Il croyait naïvement que la corruption donne sur eux le même ascendant que la force. C'était un comédien, plutôt qu'un homme politique. Son nom seul le porta au trône.

Un demi-siècle presque écoulé n'avait pas suffi pour affaiblir chez les populations françaises l'immense prestige qu'avait laissé derrière lui Napoléon. Et faut-il s'en étonner ou en accuser la France, lorsque nous voyons que dans tous les pays et dans tous les temps, les noms des grands hommes de guerre sont devenus les noms les plus populaires. Comme le chantait Béranger:

> On parlera de sa gloire,
> Sous le chaume bien longtemps!

Il n'était point d'auberge ni de cabane où l'on ne retrouvait les traits du grand capitaine ou quelque gravure légendaire de ses batailles, et le dernier des paysans, en entendant prononcer son nom, laissait voir dans ses regards un éclair de joie et d'orgueil.

Pendant que, porté par ce grand souvenir, le héros de Boulogne et de Strasbourg arrivait au pouvoir, Louis-Philippe était tombé d'une chute ignominieuse. Prince dont on ne saurait contester la prudence et la modération politique, mais qui subît cette loi inexorable des révolutions, condamnées d'ordinaire à dévorer les maîtres sortis de leurs entrailles, et qui fléchit sous le poids d'un mépris universel, que ne justifiaient que trop les crimes fatidiques de sa maison et son caractère personnel. Un seul mot le fera juger. Comme il s'entretenait un jour avec l'Evêque de Chartres, Clausel de Coussergues, il lui dit: „Monseigneur, mon père est le plus honnête homme que j'ai jamais connu." Parole d'une immoralité tellement monstrueuse qu'on a peine à y croire, mais qui est authentique et une des plus cyniques probablement, qui soient jamais sorties des lèvres d'un homme. Il eut dû, du moins, se rappeler le mot fameux que, dans une orgie, la Comtesse de Sabran avait jeté à la face de son aïeul, le régent: „Quand Dieu créa le monde, il garda un peu de boue pour en fabriquer les laquais et les princes."

Par cette révolution, absurde à tous les points de vue, la France semblait avoir voulu seulement justifier une fois de plus l'arrêt que Tacite, dans un éclair de son génie, a prononcé sur elle, et prouver à l'univers qu'elle était toujours ce peuple également incapable de supporter la liberté et la servitude. Bientôt effrayée du flot de passions dépravées qu'elle avait soulevées, hébétée par les sanglantes journées de Juin, sentant instinctivement que la main honnête et loyale d'un homme de bien, comme le Général Cavaignac, était impuissante à dominer des masses turbulentes et corrompues, elle chercha de toutes parts un sauveur. L'héritier du grand capitaine qui l'avait arrachée à l'anarchie pour l'enivrer ensuite de tant de grandeurs et de tant de triomphes, devait nécessairement attirer tous les regards.

Rappelé de l'exil, élu à la Constituante, nommé président de la république, le prince Louis-Napoléon Bonaparte put facilement constater le puissant courant de voeux et de sympathies qui s'établit en sa faveur dans toutes les classes de la population. Bien conseillé par deux amis dévoués et doués d'une haute intelligence politique, Messieurs de Morny et Mocquard, il eut l'habileté facile de savoir temporiser et de ne pas vouloir précipiter les évènements. Enfin, après trois ans de présidence, il se décida à saisir le pouvoir absolu, que tout conspirait à placer dans ses mains. Le déploiement de forces militaires qu'il développa le 2 Décembre 1851, et le sang qu'il fit verser, furent même un luxe inutile. Soit qu'il eût cru devoir frapper de terreur les imaginations parisiennes, soit qu'il eût cédé à des conseils irréfléchis.

La France respirait. Tous ceux qui attendaient avec impatience le moment de reprendre le cours de leurs affaires ou de leurs plaisirs, les amis si nombreux du repos et de la tranquillité, ceux qui rêvaient encore la prépondérance et la gloire du drapeau national, et cette tourbe d'hommes avides de s'attacher aux roues de la fortune, applaudirent publiquement ou secrètement à la restauration de la dynastie impériale. Seules, les factions démagogiques poussaient des cris de fureur et de vengeance, mais il en eut facilement raison par la prison et l'exil: il était le maître de la situation.

Son début fut heureux. Il prononça à Bordeaux cette phrase inattendue, qui eut un si immense retentissement: „L'Empire c'est la paix!“ Par là, il rassurait à l'intérieur tous les intérêts qui redoutent la guerre. Mais l'armée et les adorateurs de l'idole napoléonienne ne voulurent voir dans cette déclaration qu'un stratagème qui annonçait un profond politique. Il est plaisant d'entendre aujourd'hui le Marquis de Gricourt déclarer que l'Empereur parla sans arrière-pensée, avec une bonne foi, une loyauté parfaites.

A l'extérieur, le succès fût plus grand encore. Les puissances allemandes, encore effrayées du contre-coup qu'elles avaient subi de la révolution de Février, furent confirmées dans l'idée que le nouveau souverain n'était qu'un gendarme, destiné à rétablir l'ordre.

La Russie, dans la conscience de sa force, entendit ce langage avec une indifférence dédaigneuse. L'Angleterre, habituée de longue main à exploiter dans les intérêts de son habile politique les troubles intérieurs de la France, se réserva d'agir selon les circonstances. En fait, aucune méfiance ne fut éveillée dans les cabinets de l'Europe.

Mais Napoléon III. comprenait mieux les inexorables exigences de sa situation. Il voyait bien qu'il ne parviendrait à comprimer et à dompter les passions démagogiques, et à dominer un peuple ingouvernable que par de puissantes diversions militaires et par des modifications importantes de l'équilibre continental.

La jalousie avec laquelle l'Angleterre surveillait les mouvements de la Russie en Orient, lui fournit bientôt l'occasion qu'il cherchait. La guerre de Crimée fût résolue, et ce fût là, on peut le dire, la seule conception politique de son règne. Il n'aurait pu inventer aucun plan qui donnât plus complètement satisfaction à toutes ses convenances dynastiques. Il relevait fièrement les aigles impériales et lançait l'armée dans les émotions d'une grande guerre où un désastre n'était pas à redouter, se ménageant ainsi l'occasion de la combler de largesses et de renouveler les corps d'officiers. Par ce service signalé, il s'assurait pour long-temps l'amitié et la protection de l'Angle-terre, dont il considérait l'alliance comme une nécessité impérieuse. Il se ménageait l'appui de toute cette presse anglaise dont il appréciait mieux que personne l'immense influence, et qui contribua tant à lui créér cette réputation risible de profonde sagesse, dont il jouit pendant de longues années. Il réduisait momentanément au silence les partis qui, au milieu de ces grandes péri-péties, sont nécessairemant dévoyés et anni-hilés. Enfin il flattait tous les instincts po-pulaires, en attaquant cette Russie où règnait avec tant d'éclat un souverain qui pouvait dire à juste titre: „L'état c'est moi“; un souverain qui maintenait sous le joug la Pologne, et qui ne dissimulait en aucune circonstance la haine et le dégoût que lui inspirait la propagande française. Enfin il jetait une pâture à cette passion innée des Français pour la gloire: mot plus ridicule

que sublime, et devenu presque un galli-
cisme. Et, chose étrange, pas une voix ne
s'éleva pour demander si c'était là une
guerre nationale, si l'alliance de la Russie
n'était pas l'alliance naturelle de la France,
quels intérêts nous avions à défendre à Con-
stantinople, et si cette clef du St. Sépulcre
n'était pas la plus bouffonne des dérisions.
Depuis 89, la France avait-elle une politique? Savait-elle désormais si elle avait
des intérêts? — Le cabinet de Berlin vit
sans déplaisir une guerre qui lui fournissait
l'occasion de nouer des liens plus étroits
avec la cour de St. Pétersbourg, et qui devait
inévitablement créér à l'Autriche les plus
graves embarras.

On sait quelle effroyable pression fût
exercée par la France et l'Angleterre sur
ce faible et pusillanime cabinet de Vienne
A quoi bon énumérer ici les considérations
insensées qui entraînérent le chef de la maison de Habsbourg à se suicider. Mais, circonstance bizarre, on assure que l'une des
principales causes de cette détermination fatale fut le froissement qu'avait subi l'orgueil
héréditaire de l'Empereur François-Joseph,

le jour où il se vit contraint d'accepter l'offre
de la Russie d'intervenir en Hongrie. Quand
on songe à la magnanimité avec laquelle
l'Empereur Nicolas sauva l'Autriche sur le
point de périr, aux soins infinis qu'il prît
pour ménager la dignité de la cour de Vienne
et l'honneur militaire de l'armée autrichienne,
à la générosité chevaleresque avec laquelle
il voulut supporter les dépenses de l'expédition, on est bien forcé de reconnaître que
la grandeur d'âme, la loyauté, le désintéresse-
ment, n'ont rien à voir dans le gouvernement
des peuples, et que, dans les pages hideuses
de son livre du prince, l'immortel secrétaire
florentin a surpris le véritable secret des
choses humaines. Les esprits politiques qui
se complaisaient à lui prêter de profondes
combinaisons, crurent que Napoléon III. avait
atteint par là son but principal, que son
dessein avait été surtout de briser les derniers vestiges de la sainte-alliance, de provoquer une rupture ouverte entre la Russie
et l'Autriche, et de laisser cette dernière
puissance isolée en Europe. Rien ne pouvait leur ôter l'idée, que c'était aux dépens
de la Monarchie de Habsbourg, dont la fai-

blesse et la décrépitude étaient notoires, qu'il prétendait réaliser ses plans de remaniement de la carte européenne. La participation des troupes piémontaises à la prise de Sébastopol milite en faveur de cette opinion, qui semble fondée.

Quoiqu'il en soit, il ne parut pas avoir hâte de se lancer dans des entreprises nouvelles. Son premier soin fut d'assouvir cette soif de plaisirs qui le dévorait, de jouir des fruits de cette expédition, qui avait porté sa puissance et sa réputation à leur apogée, de prodiguer à l'impératrice toutes les jouissances de vanité dont il n'était pas moins avide qu'elle. Sous ce rapport, le voyage de la reine d'Angleterre à Paris combla tous leurs rêves.

Ce mariage, qui eut été si bizarre partout ailleurs qu'en France, fut déterminé, moins par ses préférences personnelles, que par les refus qu'il avait essuyés dans plusieurs cours, refus qu'il n'oublia pas. L'opinion publique accueillit sans défaveur un choix qui plaçait sur le trône une femme jeune, belle, passionée pour le luxe et les plaisirs. Dans une capitale où les prodigalités féminines, les modes, les fêtes, jettent dans la circulation des sommes fabuleuses, la perspective d'une cour brillante et fastueuse ne pouvait pas déplaire.

Il était aussi sérieusement préoccupé du plan de ses travaux gigantesques, qui devaient transformer Paris et en faire la cité la plus splendide de l'univers. De toutes les inspirations de son règne, ce fut sans contredit celle à laquelle il attacha le plus de prix et qui flatta davantage son amour-propre. Il ne songeait pas seulement à exécuter une grande oeuvre, à rendre pendant des siècles sa mémoire impérissable, à se faire des créatures en donnant à tant d'hommes de toutes les classes la facilité d'élever des fortunes énormes et rapides. Il voulait surtout répandre l'argent à pleines mains parmi les classes ouvrières, assurer leur bien-être et les distraire des préoccupations politiques. Mais jamais des prétextes spécieux ne recouvrirent des calculs plus faux d'expédients plus empiriques.

Il était manifeste, pour les esprits les moins clairvoyants que, depuis un siècle, la centralisation était devenue le fléau de la

France, Paris était un chaos d'antagonismes, précisément parcequ'il était un chaos de prétentions individuelles, sans frein et sans mesure. Après avoir passé par tant de révolutions, de crimes, d'excès, de débauches, de théories insensées, de déclamations ineptes, sa population était arrivée au dernier degré de la corruption humaine. On peut affirmer, sans aucune exagération, que le vol et la prostitution y étaient les deux ressorts principaux de l'existence sociale. Ses journaux et ses théâtres étaient des foyers permanents d'infection morale. Tous ses instincts étaient des instincts de destruction, de nivellement, d'anarchie. En absorbant toutes les forces intellectuelles du pays, il paralysait l'essor des provinces et les laissait dans un état chronique d'indifférence et d'atonie.

Et cependant, l'Empereur entreprenait de doubler la population de cette capitale immense et ingouvernable, et d'accroître encore son prestige et son influence. C'était le comble de la démence. Un véritable homme d'état eût au contraire cherché en Algérie un exutoire pour la France.. S'il avait jeté en Afrique toutes les centaines de millions qu'il prodigua dans la reconstruction de Paris, il eût probablement réussi à fonder une colonie florissante, qui aurait indemnisé la Mère-patrie de ses dépenses. Mais, loin de là, il prît à tâche, pendant toute la durée de son règne, de justifier les paroles du célèbre Cobden, lorsqu'il visita l'Algérie: „Il n'y a qu'une chose que les Français n'aient pas réussi à gâter en Afrique, c'est le soleil."

Et d'autre part comment ne voyait-il pas que ces expropriations en masse, ce budget énorme, créé par l'Etat en faveur des classes populaires, cette élévation forcée des salaires constituaient une véritable application des théories socialistes? Serait-il possible de continuer indéfiniment ces dépenses ruineuses? Et pourrait-on les supprimer tout d'un coup, sans provoquer une crise effroyable?

Sous ce dernier rapport cependant les faits semblèrent lui donner raison. La France supportait ces prodigalités et ces dilapidations avec une facilité merveilleuse, et voyait tous les jours sa richesse augmenter dans des proportions fabuleuses. On eût dit qu'en matière de finances, comme en toute autre, le désordre était l'une des conditions vitales de la nation.

Le 14 Janvier 1858, l'attentat Orsini vint arracher ce favori de la fortune à ses loisirs. L'Italie, toujours en proie à une fermentation chronique, ne comprenait pas qu'un Bonaparte sur le trône de France eût autre chose à faire qu'à l'affranchir du joug détesté de l'Autriche. Il n'hésita pas, et comme le terrain était préparé de longue main, il lui fut facile de s'entendre avec le Comte Cavour. Jamais deux hommes ne s'étaient rencontrés si bien faits pour se comprendre. Dans une entrevue à Plombières, qui resta un secret de comédie, ils signèrent un traité par lequel la France s'engageait à conquérir la Lombardie et la Vénitie pour les donner à Victor-Emmanuel et devait recevoir en échange Nice et la Savoie.

On se rappelle avec quelle insolence inouïe il apostropha le baron de Hübner au milieu d'une réception aux Tuileries, lançant ainsi à brûle-pourpoint une déclaration de guerre à l'Autriche sans l'ombre d'un prétexte. Soit qu'il s'imaginât en imposer à l'Europe par tant d'arrogance, soit que sa vanité de parvenu se plût à humilier l'orgueil héréditaire de cette vieille et illustre maison de Habsbourg.

L'Empereur François-Joseph, atterré de ce coup inattendu, ramena dans les plaines de la Lombardie cette magnifique armée, qui depuis si longtemps ne se présentait plus sur les champs de bataille que pour être vaincue. Après plusieurs combats malheureux, la journée de Solférino rejeta les Autrichiens sous les murs de Verone.

Mais tout d'un coup, à l'étonnement de toute l'Europe, l'Empereur Napoléon s'arrêta sur les bords du Mincio, et, donnant un démenti éclatant à la proclamation qu'il venait de publier, offrit une paix qui devait être acceptée avec empressement.

Eprouva-t-il vraiment la crainte chimérique de voir la Prusse voler au secours de l'Autriche, ou bien recula-t-il devant les périls et les difficultés que présentait l'attaque du fameux quadrilatère? Sans doute, il fut séduit surtout par le désir de terminer rapidement une campagne glorieuse, se flattant de désarmer les critiques de l'opinion publique en France par l'éclat de ses victoires et l'annexion de deux provinces; d'autre part, il se réservait de calmer le ressentiment de la cour de Turin, en lui donnant carte blanche pour chercher des compensations dans le reste de l'Italie, et en la favorisant au besoin. Il ne lui déplaisait pas de voir dépouiller de leurs états des Bourbons et des Archiducs, et le sort de la papauté ne l'intéressait guère.

Le traité de Villafranca laissait respirer l'Autriche et lui conservait ce quadrilatère qui était son plus solide rempart. Néanmoins le coup qu'elle avait reçu était mortel. La perte de toutes ses alliances, l'épuisement de ses finances, le découragement de ses armées, l'insubordination de la Hongrie impatiente de ressaisir son autonomie, l'hostilité de ses provinces italiennes, les hésitations continuelles d'un gouvernement pusillanime qui n'avait plus de boussole et qui avait perdu toute confiance en lui-même, tout révélait le secret de sa faiblesse, tout la désignait comme devant être fatalement la victime du bouleversement que désormais tout le monde prévoyait en Europe.

En fait, la ruine de l'Autriche constituait

pour la France le plus grave des dangers. La disparition de cette puissance qui avait été le pivot de l'équilibre européen ne laissait plus debout que trois puissances continentales de premier ordre: la France, la Prusse et la Russie. De là cette conséquence forcée que deux de ces puissances se ligueraient contre la troisième, aussitôt qu'un conflit sérieux éclaterait. Or, comment admettre que la Prusse et la Russie, que rapprochaient tant d'intérêts, tant de sympathies, tant d'affinités, hésiteraient un instant à s'unir contre cette France qui excitait à juste titre leur haine et leur ressentiment, qui les menaçait chaque jour dans leur existence par sa propagande, par son ambition, par ses prétentions à la suprématie intellectuelle, par les convulsions périodiques auxquelles elle était fatalement condamnée, et qui avaient toujours un terrible contre-coup au dehors. Cela était clair comme le jour, mathématique comme un problême d'échecs.

Mais convaincu de la supériorité de son génie politique, l'empereur Napoléon raisonnait dans un ordre d'idées bien différent. A ses yeux la France était arrivée à l'apogée de sa puissance et elle inspirait une crainte et un respect universels. L'hypothèse d'une coalition sans la participation de l'Angleterre ne se présentait même pas à son esprit, et l'on ne voit pas qu'il se soit jamais préoccupé sérieusement des rapports de la Prusse et de la Russie, rapports qui étaient le noeud même de la situation. En un mot, il se flattait, avec des modifications importantes dans la mise en scène, de répéter au delà du Rhin la farce qu'il venait de jouer en Italie. Toutes ses combinaisons tendaient donc à affaiblir de plus en plus l'Autriche, à favoriser les vues ambitieuses de la Prusse, à l'encourager dans ses efforts pour s'emparer de la suprématie en Allemagne, se réservant de venir réclamer au moment propice le salaire de sa secrète complicité, et d'obtenir enfin l'annexion d'une partie de ces provinces rhénanes, si ardemment convoitées par la France. Qu'on ne dise pas que ce sont là des conjectures plus où moins hazardées. Tous les faits prouvent que ce fut là son plan, qu'il le poursuivit avec une tenacité opiniâtre, et l'aveu du Marquis de Gricourt, que l'affaire du Luxembourg fut pour l'Empereur une déception immense, cet aveu, dis-je, serait au besoin toute une révélation.

Le Comte de Cavour ne perdit pas de temps pour mettre à exécution les clauses secrètes du traité de Villafranca. Le cabinet des Tuileries l'y encourageait, voulant se débarrasser enfin de toutes ces clameurs italiennes. Bientôt l'Italie offrit le spectacle le plus dégoûtant qu'aient jamais donné la vénalité, la trahison, la plus basse fourberie. Victor-Emmanuel put enfin assouvir cette voracité héréditaire des princes de sa maison, que le Cardinal d'Ossat avait si justement nommés les louveteaux de Savoie. A son grand regret, il fut encore obligé de respecter Rome et quelques lambeaux du territoire papal. Mais ce n'était plus qu'une question de temps; il était clair que, battue en brèche de toutes parts, la souveraineté temporelle des papes devait disparaître dans un délai plus ou moins éloigné.

Entre tant de choses ignobles, le guet-apens de Castel-fidardo mérite d'être signalé. Guet-apens qui arracha au brave et loyal Lamoricière ce cri d'indignation: „Mon armée n'a pas été battue, elle a été massacrée." Il est avéré en effet que l'Empereur Napoléon prodiguait au Vatican les assurances de sa protection et lui garantissait l'inviolabilité de son territoire au moment même où il pressait le Comte Cavour d'en finir promptement et d'envahir les Marches. Du même coup, il donnait une large satisfaction aux passions populaires de l'Italie et il faisait écraser un général illustre, qui avait osé le braver, ainsi que cette foule de jeunes gens, accourus de France à la voix de Lamoricière, et nourris dans la haine et le mépris des Bonaparte. Sur les rives du Tibre, le génie de Tibère semblait l'avoir inspiré.

Certes, la papauté et l'église de France devaient inspirer à cet aventurier couronné un bien profond dédain, pour qu'il osât provoquer aussi ouvertement leur ressentiment et leur vengeance. Mais dans sa décrépitude et son abaissement, la cour de Rome feignait de voir encore en lui un protecteur, et elle ne cessait de répandre ses bénédictions sur cette main qui l'accablait d'outrages, d'humiliations et de ruines. Le clergé de France suivait les mêmes errements et semblait n'avoir plus d'autre souci que celui de défendre pied à pied les tristes restes de sa grandeur passée. Il ne pouvait oublier le rang qu'il avait occupé sous l'ancienne monarchie et l'immense influence qu'il avait exercée. Bien loin de tourner ses regards vers l'Amérique et de reconnaître, après tant d'expériences amères, que des temps nouveaux demandaient des institutions nouvelles, il s'attachait avec une tenacité invincible à des traditions surannées et s'acharnait à ressaisir un fantôme d'autorité. A de rares intervalles, apparaissaient encore quelques mandements empreints d'une éloquence virile et d'un zèle apostolique. Mais ces voix isolées se perdaient dans le désert. Spectacle lamentable si l'on compare la différence des temps et si l'on songe à ces grands écrivains, à ces orateurs d'une éloquence incomparable, qui resteront pour l'église catholique une gloire immortelle.

À partir de cette époque, le Pape ne fut plus qu'un jouet entre les mains de l'Empereur Napoléon, une poupée sur laquelle il détournait les coups qui auraient pu l'atteindre lui-même. Il est constant que cette tourbe de journaux et d'écrivains qu'il entretenait à sa solde, recevait pour mot d'ordre de remettre sans cesse sur le tapis le parti clérical, les intrigues cléricales, l'ambition cléricale. C'était, selon lui, une excellente pâture pour rassasier ce besoin inné de discussions, de polémiques, de déclamations, qui dévore les cervelles françaises.

Le nez de Cléopâtre, dit Pascal, s'il eût été plus court, la face du monde était changée. Le 14 Juillet 1861 se produisit à Baden-Baden un évènement qui devait vérifier une fois de plus la magnifique pensée d'un des plus profonds génies que l'humanité ait sans doute enfantés. Un étudiant obscur, ne sachant ni ce qu'il voulait ni ce qu'il faisait, s'avisa de tirer, dans l'allée de Lichtenthal, un coup de pistolet sur le roi de Prusse, Guillaume I. Ce Prince, d'un caractère ferme, mais d'un esprit irrésolu, ne régnait pas depuis longtemps. Ne se rendant pas bien compte des évènements qui agitaient l'Europe, alarmé du progrès rapide des idées démagogiques en Allemagne, il cherchait sa voie, et laissait, dans les affaires d'état, une influence prépondérante à la Reine.

Elle était douée d'une haute intelligence, instruite, aimant le pouvoir, et elle obéissait aux tendances naturelles de son sexe en suivant un systême de concessions, de transactions, d'atermoiements, qui devait nécessairement être fatal à une monarchie comme la Prusse, dont toute la force reposait sur son organisation militaire et sa hiérarchie sociale.

En un clin d'oeil, la cour de Berlin vit s'opérer la réaction la plus complète. La reine fut à jamais écartée des conseils de la couronne, le ministère fut changé et le roi appela aux affaires le Baron de Bismark-Schönhausen, qui avait été nommé récemment à l'ambassade de Paris, après avoir été pendant trois ans ambassadeur à Pétersbourg. C'était un homme d'un caractère audacieux, d'un esprit pratique et clairvoyant, profondément convaincu qu'on ne gouverne les hommes que par le fer et le sang, que la force prime le droit, et que la raison d'Etat ne connait pas de moyens illégitimes. Maximes qui ne sont pas nouvelles, mais que les hommes médiocres ne savent guère appliquer. Il affichait depuis longtemps un zèle ardent pour la grandeur de la Prusse, un vif désir de voir l'Autriche exclue de l'Allemagne, une haine violente pour la France et sa propagande révolutionnaire. Sa naissance et ses instincts le rattachaient au parti féodal, mais il n'en épousait pas tous les préjugés et sa vaste intelligence comprenait les exigences des sociétés modernes. Son ambition était sans bornes. Sous les dehors d'une franchise brutale et outrée, il possédait un art profond de dissimuler et de masquer ses desseins.

Nul ne sut mieux profiter de la leçon donnée par Don Luis de Haro au Cardinal Mazarin: „Mr. le Cardinal est un fin politique, disait ce ministre espagnol, mais il a un grand défaut: celui d'être toujours fourbe." Mr. de Bismark savait n'être pas toujours fourbe. Travailleur infatigable, sa vigilence ne négligeait rien, et il était capable de diriger et de surveiller à la fois la diplomatie, la guerre, l'administration, les finances. En un mot, il n'était pas le premier, il était le seul homme d'Etat de l'Europe.

Du moment qu'il eut l'oreille du Roi, il lui fut facile d'acquérir une influence prépon-

dérante. Ses vues politiques tendaient toutes
à flatter les deux penchants dominants de ce
Prince; l'admiration de son armée et l'orgueil
de sa maison. Il ne cessait de répéter que
si la Prusse voulait mettre en ligne ses so-
lides régiments et contracter avec la Russie
une alliance sérieuse et durable dont les ba-
ses étaient toutes préparées, elle deviendrait
sans coup férir maîtresse de l'Allemagne et
l'arbitre de l'Europe. Il se moquait de la
décrépitude de l'Autriche et parlait avec mépris de la France, dont le prestige, disait-il,
n'était plus qu'un mirage.

L'Empereur Napoléon ne vit pas sans
une secrète satisfaction un changement qui
promettait de soulever bientôt en Europe de
nouvelles complications. Il s'occupait alors
avec passion des embellissements de Paris
et de ses plaisirs habituels. Ce fut vers cette
époque qu'une actrice connue par son esprit
lança contre les scandales et les désordres
de sa vie privée, qui commençaient à faire
sensation, la plus mordante épigramme: „Avec
ses yeux de poisson, il prendrait toutes les
morues de l'océan pour des Vénus!“ Mot
trivial et puisé dans le ruisseau, mais me-

surant avec une précision merveilleuse toute la distance qui séparait les débauches vulgaires d'un Bonaparte de ces fastueuses amours de Louis XIV, que célébraient à l'envi les vers de Racine, les opéras de Quinault, le ballets de Molière et les adulations délicates de la société la plus élégante et la plus polie qui fut jamais. C'était là le bourbier dans lequel était tombée cette France qui avait vu toutes les cours de l'Europe adopter sa langue, sa littérature, ses modes, ses pièces de théâtre et tous les raffinements de ses moeurs épicuriennes; cette France, dont le prestige avait été si éblouissant que rien ne semblait pouvoir l'effacer entièrement.

La fortune commençait à se lasser de ses faveurs. Un caprice financier du Duc de Morny, dans les poches duquel les millions disparaissaient comme dans un crible, le lança dans cette aventure mexicaine dout l'issue devait être si fatale. Sans doute il répétait encore une fois le vieux refrain: Distraire l'opinion publique, prodiguer à l'armée les largesses, les grades, les décorations. On eût dit que les nations étrangères étaient condamnées à payer tour-a-tour la rançon de la turbulence et de la folie de la France. Car cette phrase que Montesquieu avait jetée dans ses lettres persanes: „Les Français bâtissent des maisons de fous pour faire croire que ceux qui sont dehors jouissent de leur raison!“ cette phrase d'une si sanglante ironie semblait désormais devoir être prise au pied de la lettre. Mais le choix que fit Napoléon de l'Archiduc Maximilien donne à penser qu'il eût encore d'autres vues. Toujours poursuivi par l'idée fixe qu'un démembrement de l'Autriche lui assurerait la possession d'une partie des rives du Rhin, il était bien aise d'éloigner les soupçons de la cour de Vienne en lui prodiguant des marques de sa bienveillance et de sa sympathie et de l'endormir dans une fausse sécurité. C'était là sa méthode ordinaire, l'artifice grossier qu'il regardait comme un trait de profonde habileté. Ainsi il agit à l'égard de la cour de Rome, depuis le premier jusqu'au dernier jour de son règne; ainsi il agit envers cet infortuné roi de Naples, auquel il envoyait sa flotte comme compliment de condoléance au moment où il le faisait poignarder par derrière.

D'autre part, en entreprenant une expédition lointaine qui devait occuper beaucoup de troupes, vider les arsenaux, épuiser les finances, il semblait dire clairement au cabinet de Berlin qu'il lui laissait carte blanche, et qu'il ne songeait en aucune façon à s'immiscer dans les évènements qu'il prévoyait devoir surgir en Allemagne. Mr. de Bismark comprit l'insinuation.

Une fois lancé dans cette déplorable aventure, il entassa fautes sur fautes. Il s'empressa de proclamer que ce serait l'entreprise la plus brillante de son règne; il laissa s'opérer des dilapidations inouïes, il permit à ses officiers d'exercer des rigueurs qui provoquèrent ces vengeances si redoutables chez la race espagnole, il fit le choix le plus malencontreux en confiant ses pleins-pouvoirs à un général qui le compromit par des intrigues et des aspirations incroyables; enfin, il eût la maladresse d'attendre, pour se retirer, que la sommation des États-Unis ne fût plus restée un secret d'État.

Le Duc de Morny ne vit pas la fin de cette guerre dont il était le principal auteur. Il succomba à une maladie qu'on ne voulut pas divulguer, et qui était sans doute la suite de tant d'orgies et de tant d'excès. L'Empereur ne perdit pas seulement en lui un frère dévoué, mais un conseiller habile, connaissant à fond le tempérament parisien, et qui lui avait rendu de grands services. Billault, le ministre le plus capable qu'il eût rencontré, avait précédé le Duc de Morny dans la tombe. Ainsi il voyait disparaître ses meilleurs serviteurs au moment où leurs avis lui auraient été le plus utiles.

Cependant la guerre d'Italie, la violation impudente du traité de Villafranca, considéré comme une lettre morte avant d'être signé, avaient ouvert les yeux de la cour de Vienne sur les périls de sa situation et lui avaient fait comprendre la nécessité de tenter un grand effort pour reprendre son rang en Europe. Délaissée par l'Angleterre, trompée indignement par la France, traitée avec dédain par la Russie, elle ne pouvait pas se faire illusion sur les dispositions secrètes de cette Prusse, dont elle avait décliné le secours dans sa détresse, ne voulant pas l'acheter à des conditions qu'elle considérait comme son exclusion virtuelle de la Confédération germanique. Certes l'expérience était concluante, car s'il y eut jamais une chose évidente, c'est que l'intérêt de l'Allemagne était de défendre les rives du Rhin sur les rives du Pô. Dans ces circonstances, un homme d'état hardi aurait conseillé à l'Autriche de prendre elle-même l'initiative, de renoncer à des rêves de suprématie devenus chimériques, à ce fatal dualisme qui ne lui créait plus que des embarras et des ennemis. Sortant spontanément de la confédération, elle prenait en Europe une situation nouvelle et indépendante, s'assurait probablement pour longtemps l'alliance et les sympathies de l'Allemagne, et détournait tout d'un coup sur la Prusse devenue trop puissante les méfiances et les jalousies des autres cabinets. C'était vraisemblablement son salut; elle aima mieux courir à une ruine certaine.

Fidèle à des traditions suranées, le Comte de Rechberg voulut reprendre plus vivement que jamais une lutte si inégale et reconquérir en Allemagne une prépondérance impossible. C'était un grand seigneur souabe, ancien élève du prince de Metternich qui ne lui avait pas légué son expérience et sa sagacité. Docile à ses conseils, l'empereur François-Joseph vint en 1863 donner à Francfort le spectacle stérile de ses angoisses et de son impuissance. Certes il était difficile de concevoir une idée plus insensée que celle de provoquer gratuitement la Prusse, gouvernée par un ministre habile et énergique, qui dissimulait à peine ses desseins ambitieux. On eût dit que cette malheureuse Autriche voulait contraindre tour-à-tour tous les cabinets de l'Europe à conjurer sa perte.

Le Baron de Beust, ministre des affaires étrangères du roi de Saxe, contribua beaucoup à pousser la cour de Vienne dans cette voie désastreuse et encouragea de toutes ses forces le Comte de Rechberg à y marcher résolument. Doué de toutes les qualités d'un diplomate fin et délié, mais non de celles d'un homme d'état, il sentait son intelligence à l'étroit dans les limites d'un petit pays, nourrissait le projet de rendre à la Saxe les provinces qui lui avaient été enlevées, et d'abaisser la Prusse, qu'il détestait. Ces vues flattaient trop tous les sentiments de la famille impériale pour que ses conseils ne fussent pas accueillis à Vienne avec faveur, et il n'est pas douteux qu'il n'ait exercé sur les évènements une grande influence.

Le Baron de Bismark considérait ces menées et ces machinations d'un oeil calme et ferme. Il ne comptait pas seulement sur une armée solidement organisée, sur des finances florissantes, sur des alliances certaines; il tenait encore dans ses mains le plus puissant des leviers, le sentiment national. Depuis longtemps déjà les peuples de race germanique étaient entraînés par un courant électrique, irrésistible, vers cette conviction, que l'hégémonie était devenue pour eux une question vitale. Or, traduite en langue vulgaire, l'hégémonie n'était autre chose que leur ralliement sous la forte épée de la Prusse.

Si la diplomatie et la perfidie sont deux mots sinonymes, on doit considérer comme un chef-d'oeuvre la série de négociations par lesquelles le Baron de Bismark amena la cour de Vienne à une action commune contre le Danemark. Couvrir son ambition d'un prétexte spécieux, se procurer le concours des troupes impériales pour conquérir ce Schleswig-Holstein dont il était bien décidé à ne jamais se déssaisir, se ménager l'occasion de sortir de la confédération et d'exclure pour toujours l'Autriche de l'Allemagne, c'était là un trait digne d'un Ximenès ou d'un Richelieu. C'était un brillant début, et ce n'était qu'un début! —

Avec sa sagacité ordinaire, le gouvernement anglais prévit tout d'abord quelles graves conséquences devait entraîner cette violation des traités. Il fit sonder le cabinet des Tuileries, pour savoir s'il serait disposé à prendre le Danemark sous une protection commune. Mais il osa répondre à ces ouvertures par la proposition formelle d'un traité d'alliance qui lui aurait assuré au moins une partie des provinces rhénanes. Lord Russell, indigné, déclara qu'à aucun prix il n'apposerait sa signature à un pareil traité, et la politique anglaise dut faire subitement volte-face. Il était impossible de dévoiler plus ouvertement et avec une plus insigne maladresse ses secrètes espérances. Pourquoi sacrifiait-il ainsi le Danemark! Pourquoi répudiait-il les traditions séculaires de la France, qui avait toujours été la protectrice naturelle des petits Etats! La trame bizarre qu'il avait ourdie dans sa cervelle et les desseins absurdes qu'il poursuivait si opiniâtrement, ne pouvaient plus échapper à la pénétration d'un ministre tel que Mr. de Bismark, qui se promit de les déjouer. La cour de Vienne au contraire, toujours frappée d'aveuglement, marchait en avant dans la persuasion que la France ne pouvait pas souffrir, sans se suicider, que la Prusse devînt maîtresse de l'Allemagne entière.

Néanmoins, ne voulant rien laisser au hasard, Mr. de Bismark se rendit à Biarritz pour s'assurer par lui-même des dispositions secrètes de l'Empereur. Cette entrevue, qui rappelait celle de Plombières, accrédita l'opinion que des engagements réciproques furent contractés. Mais c'était une erreur. Le Souverain et le Ministre étaient d'accord pour désirer ardemment un remaniement de la carte de l'Europe; ils ne l'étaient nullement sur les conditions de ce remaniement. Chacun d'eux compta sur son habileté pour jouer son adversaire et exploiter à son profit les évènements. L'un des deux fut joué en effet.

Dès lors la Prusse prit en face du cabinet de Vienne une attitude de plus en plus provocante et laissa percer clairement sa résolution de garder les duchés. Décidée à frapper un coup décisif et à abattre sans retour la puissance de l'Autriche, elle conclut avec l'Italie un traité d'alliance offensive et défensive. Victor-Emmanuel accepta avec empressement des mains de la Prusse cette Vénitie qu'il n'avait pu recevoir des mains de la France. Ces revirements d'alliances étaient une tradition héréditaire de la maison de Savoie. Quant à Napoléon, il vit avec plaisir son protégé concourir à l'exécution d'un plan qu'il considérait encore comme le sien propre. Tant l'extrême fourberie peut s'allier à l'extrême niaiserie!

Enfin le roi Guillaume leva le masque: il déclara à la face de l'Europe que la sécurité de ses Etats était menacée par les armements de l'Autriche et donna l'ordre à ses armées de marcher sur Vienne. Le succès le plus éclatant justifia cette confiance hautaine. La victoire de Sadowa mit fin à cette guerre de 7 jours, qui devait avoir pour toute l'Europe de si immenses conséquences. La maison de Habsbourg, chassée à la fois de l'Allemagne et de l'Italie, vit s'écrouler, dans une seule bataille, l'antique édifice de sa grandeur et de sa puissance, qu'elle avait si laborieusement élevé.

Ce coup de foudre étonna tous les cabinets et frappa l'Empereur Napoléon de stupeur. L'épais bandeau qui voilait ses yeux venait d'être soudainement arraché; la force de la Prusse et le génie de Mr. de Bismark lui étaient révélés. Dans son anxiété, il se hâta d'envoyer à Prague son ministre à Berlin, Mr. Benedetti, sous le prétexte hypocrite d'intervenir en faveur de l'Autriche et de la couvrir d'une protection bienveillante, mais en réalité, pour sonder les dispositions secrètes de la Prusse. Le Baron de Bismark ne le laissa pas longtemps dans l'incertitude. Il déclara hautement que ses engagements envers Victor-Emmanuel obligeaient le Roi à exiger la cession des provinces italiennes, mais qu'il répudiait pour lui-même toute idée de déta-

cher la moindre parcelle du territoire autri-
chien, qu'il n'avait nullement entendu faire
une guerre de conquête, mais simplement
rompre des liens devenus intolérables et
rendre à l'Allemagne le droit de se cons-
tituer selon son bon plaisir, que c'était là
une question purement intérieure, dont aucune puissance n'avait à se mêler.

Ainsi la déception était complète: Napoléon s'était joué, s'était bafoué lui-même.
Tout prétexte de demander des compensations
sur le Rhin lui était ravi. Avec quelle amertume il dût songer à cette lettre d'Auxerre,
pièce la plus inepte qu'ait jamais tracée la
plume d'un souverain, et dans laquelle il
trahissait à la fois ses artifices, ses bévues
et son désappointement.

Dans ce duel suprème entre les deux
grandes puissances de la Confédération germanique, les Etats secondaires n'avaient joué
qu'un rôle insignifiant. Seule, la Saxe avait
prêté un secours efficace à l'Autriche en lui
envoyant 25,000 hommes de bonnes troupes.
Le Hanovre n'avait montré qu'une bonne vo-
lonté et une bravoure militaire, restées bien
inutiles. La Bavière, par la singularité de

ses mouvements stratégiques, avait assez clairement manifesté son désir d'attendre les évènements et de se ménager une réconciliation avec la cour de Berlin. La diplomatie bavaroise ne jouit pas en Europe de toute la réputation qu'elle mérite. Elle a su, plus d'une fois, deviner le vainqueur du lendemain et passer à propos d'un camp dans l'autre. De plus, le Roi de Bavière et les autres souverains de la confédération étaient obligés de compter avec les voeux et les tendances des populations, qui comprenaient que l'Autriche ne serait jamais capable de réaliser l'unité de l'Allemagne.

La bataille de Sadowa produisit en France une impression violente. La vanité nationale fut froissée au dernier point d'un succès qui plaçait tout-à-coup l'armée prussienne au premier rang, et effaçait les souvenirs de Solférino. L'opinion publique s'alarma de voir s'élever sur les frontières une puissance redoutable qui pouvait devenir aggressive et menacer à chaque instant la sécurité du territoire. Personne ne voulait révoquer en doute que des engagements n'eussent été contractés à Biarritz, et que le Baron, devenu après

la guerre le Comte de Bismark n'eût indignement trahi la confiance de l'Empereur.
L'irritation était d'autant plus vive que le
dénouement était plus inattendu. Tout le
monde s'attendit à une déclaration de guerre
à la Prusse, dans un délai plus ou moins
rapproché.

La vérité est que les Français se fai-
saient encore d'énormes illusions sur l'intelligence et la capacité politique de leur souverain. Son ministre des affaires étrangères,
Mr. Drouyn de Lhuys, aurait pu les éclai-
rer. Comme il ne cessait de répéter que la
France ne pouvait à aucun prix tolérer cet
agrandissement colossal de la Prusse et que
la guerre était devenue une nécessité impérieuse: „Hé bien! mon chér Ministre, lui répondit un soir l'Empereur, vous avez raison.
Après de mûres réflexions, je me range à
votre avis. Rentrez au ministère et rédigez
telles et telles dépêches que vous m'appor-
terez demain matin." Muni de ces instruc-
tions, qui n'étaient autre chose que les pré-
liminaires d'une déclaration de guerre, le
Ministre fit appeler son chef de cabinet, le
Comte de Chaudordy, et ils travaillèrent en-

semble toute la nuit. Lorsqu'il se présenta aux Tuileries avec ses notes, l'Empereur le reçut d'un air glacial. „Mon cher Mr. Drouyn de Lhuys, lui dit-il, je viens d'avoir un long entretien avec le ministre de la guerre. Ne pensons plus à ce que je vous ai dit hier. Je n'ai ni hommes, ni cheveaux, ni canons." Mr. Drouyn de Lhuys s'inclina et sortit. Une heure après il envoyait sa démission, qui fut acceptée. Les documents publiés dans ces derniers mois semblent contredire ce fait. Il est cependant d'une parfaite exactitude.

Malgré toutes les preuves qu'avait données l'Empereur Napoléon de son esprit étroit et borné, on reste confondu de l'insigne maladresse avec laquelle il souleva la question du Luxembourg. Connaissant l'attitude rude et hautaine de la Prusse, se sachant hors d'état de faire la guerre, certain que son impuissance n'était pas ignorée à Berlin, comment ne voyait-il pas que ses tentatives seraient repoussées sans ménagement et qu'il courait au devant d'une humiliation nouvelle? Heureux encore fut-il de couvrir sa retraite à l'aide de la médiation des grandes-Puissances. L'opinion publique en France ne lui tint aucun compte du démantèlement de la forteresse, parcequ'elle savait que son but avait été l'annexion du Duché, et qu'il l'avait manqué.

Il est plus que vraisemblable que le Comte de Bismark eût fait bon marché de cette petite province, s'il avait pu espérer que cette concession calmerait les esprits en France et amènerait entre les deux peuples une entente franche et durable. Mais il était parfaitement convaincu que la moindre condescendance serait envisagée comme un acte de faiblesse par les Français et ne ferait qu'enflammer leur vanité et leur arrogance. D'autre part, cet immense ascendant qu'il avait conquis en Allemagne, il le devait surtout à l'attitude fière et énergique qu'il avait prise en face de l'ennemi héréditaire. Il risquait de voir s'évanouir ce prestige comme une fumée, si tout d'un coup il s'inclinait devant les caprices et les prétentions d'un Bonaparte. La politique de Mr. de Bismark était donc rationnelle et commandée par les circonstances; mais en outre tout porte à penser qu'il poursuivait des plans plus vastes et préméditait l'abaissement de la France.

L'Empereur Napoléon comptait sur l'année 1867 pour alléger les difficultés de sa situation et lui permettre de gagner du temps. Les splendeurs de l'exposition, les visites des souverains devaient encore jeter quelque éclat sur le déclin de son règne. Mais ces joies furent mêlées d'amertume. L'attentat de Berezowsky et surtout l'insolence du public parisien, lorsqu'il visita la chapelle expiatoire, allumèrent dans le coeur de l'Empereur Alexandre une violente indignation. Il sut la dissimuler, mais la destitution du Baron de Budberg, qui avait conseillé ce voyage, témoigna assez de son irritation. Ce prince, d'une courtoisie achevée, qui était venu avec une suite brillante et des dispositions bienveillantes, avait le droit de s'attendre à un autre accueil. Il ne connaissait pas la haine et l'envie qui dévorent cette plèbe parisienne contre tout ce qui dépasse son niveau. On peut croire que les impressions qu'il conserva de ce séjour à Paris ne contribuèrent pas peu à resserrer les liens de l'étroite alliance qu'il avait contractée avec la cour de Berlin.

Le roi de Prusse se maintint dans une réserve sévère. Quant à Mr. de Bismark, on s'imagine facilement que ce n'étaient ni les fêtes, ni l'exposition qui le préoccupaient. Rencontré un jour dans un café par un colonel russe, qui se mit à lui vanter les richesses et les ressources de la France: „Mon cher, reprit-il brusquement, croyez-vous qu'un homme puisse vivre de coups d'apoplexie?" „Non certes," répondit le colonel; „Eh bien! une nation ne peut pas vivre davantage de révolutions." Peut-être calculait-il déjà que ce ne serait pas une entreprise si téméraire d'amener les armées prussiennes sous les murs de Paris.

Plus tard, l'Empereur François-Joseph crut aussi devoir faire une courte apparition à cette cour qui ressemblait si peu à la cour de Vienne! Dernière humiliation que pût s'infliger l'orgueilleux descendant des Habsbourg! Sa présence fût à peine remarquée. On fit plus d'attention au chapeau colossal de son Ministre des affaires étrangères, le Baron de Beust: „Il faut une énorme cervelle pour remplir ce chapeau-là!" disaient les Parisiens. Nation que tout amuse, excepté le sens commun.

Ces brillants souvenirs s'effacèrent rapidement et firent place à des réalités accablantes. L'issue désastreuse de l'expédition mexicaine, le drame sanglant de Quérétaro, le revirement de la politique italienne si funeste aux intérêts de la France, les attaques venimeuses de la presse, les embarras financiers de la ville de Paris, l'attitude menaçante de la Prusse, le désappointement général provoqué par l'affaire du Luxembourg, les scandales et les profusions d'une cour tombée dans le mépris public, les perplexités évidentes du gouvernement, c'en était plus qu'il ne fallait pour détruire le prestige qui avait si longtemps entouré l'Empereur, et avilir le pouvoir personnel.

Pour distraire encore une fois l'esprit public, l'Empereur voulut faire une démonstration belliqueuse et décréta l'organisation des gardes mobiles, qui resta longtemps sur le papier. Cette institution était antipathique aux moeurs de la nation, qui était habituée à se sentir protégée par l'armée, comme par un rempart invincible, et chez laquelle la vie civile était si différente de la vie des camps. Alors on put juger combien il redoutait une lutte avec l'Allemagne. Plutôt que de continuer son ancien systême et de chercher une diversion dans une guerre qui eût été la plus populaire de son règne, il fit tout à coup volte-face et prit la résolution extrême d'abandonner la plupart des prérogatives de la couronne, de rétablir les formes constitutionnelles, d'accorder la liberté de la presse et le droit de réunion. En un mot, c'était une transformation franche et complète de son gouvernement.

Il aurait encore pu se flatter de transiger avec les autres difficultés de ce nouvel état de choses, mais c'était la dernière des folies de croire que les journaux, une fois délivrés de toute entrave, ne démoliraient pas rapidement un pouvoir vulnérable de tous les côtés. Rien n'est plus absurde, et cependant rien n'est plus commun, que de porter sur la liberté de la presse un jugement absolu. Elle n'a d'autre valeur que celle des écrivains qui s'en servent. Et, comme le remarque le célèbre Carlyle, elle n'est même possible que là où l'opinion publique est assez bien formée pour que ce soit elle qui désapprouve le moindre abus et, „pour que la

censure, selon son excellente expression, soit
exercée par tout le monde." [1] Chez les peuples
de la race anglo-saxonne, elle est un admi-
rable instrument de progrès et de civilisation.
En France, elle n'a jamais été qu'un arsenal
inépuisable de haines, de calomnies, de vio-
lences, dirigées contre le gouvernement, quel
qu'il fût, et la plus puissante école de dis-
solution sociale. Elle semblait n'avoir d'autre
mission que celle d'exciter l'envie des classes pauvres contre les classes riches, de pro-
pager des théories stupides et révoltantes, de
servir les passions perverses, les convoitises
effrénées, et d'entretenir dans le pays, comme
un feu sacré, le culte des idées de 93. En même
temps, elle sappait toutes les croyances, dé-
versait sur le clergé catholique l'insulte et
la dérision, infestait les familles de romans
licencieux et inondait sans relâche le public
de crimes hideux, de scandales sans nom,
dont la multiplicité croissante ne pouvait lasser cette avidité d'émotions malsaines, de
sensations dépravées, qui forme un des traits
les plus saillants du caractère national. Si
l'on voulait donner la preuve la plus éton-

____

[1] V. Carlyle Life of Frédéric the Great. VI V. 5. 20.

nante du degré de pourriture où était arrivée cette société française, il faudrait rappeler le fait incroyable qu'après sa condamnation à mort, l'alsacien Tropman, le plus féroce, le plus lâche, le plus bête des assassins, reçut, dans l'espace de quelques jours, quatre mille lettres, s'intéressant à son sort. Ce signe du temps ne frappa personne. On eût dit que tout sens moral avait disparu.

La lice était ouverte, il était naturel que les pamphlétaires vinssent se jeter dans la mêlée. La lanterne cribla de ses flêches acérées l'Empereur, l'Impératrice et tous les grands personnages de l'État. Ces invectives ravissaient le public et contribuèrent plus que toutes les fautes commises à ébranler le gouvernement impérial. Il fallut enfin revenir aux mesures de rigueur, et prohiber la feuille satyrique.

Sous l'influence de tant de causes diverses, les masses ressentaient ce malaise général qui précède les grandes perturbations. Les affaires de longue haleine étaient suspendues. Le commerce et l'industrie ralentissaient leurs transactions. Chaque jour les feuilles publiques s'indignaient de la déchéance de la France, et dénonçaient les vues ambitieuses de la Prusse. Mais bien loin de se laisser intimider, Mr. de Bismark se plaisait à braver l'irritation des Français; le Kladderadatsch notamment ne cessait de publier les caricatures les plus insultantes pour la famille Impériale et pour la nation.

Effrayé de voir le flot monter et arriver jusqu'au trône, Napoléon III eût une inspiration qui rappelait les débuts de son règne; il convoqua le suffrage universel, et à l'aide de manoeuvres de tout genre parvint encore à rallier plus de sept millions de suffrages. Les populations étaient saisies de terreur à l'idée du bouleversement qui suivrait sa chute; elles voyaient en lui, non sans raison, leur dernier rempart contre la ruine et l'anarchie. Depuis quatre-vingts ans, la France marchait ainsi aux bords d'un abîme.

Le succès de cet expédient donnait à la nouvelle constitution une apparence de vitalité. Il n'est pas douteux que l'Empereur n'eût été disposé à en profiter, pour louvoyer le plus longtemps possible au millieu des écueils, s'il fut resté livré à lui-même. Mais il n'était plus le maître de la situation, ni à l'extérieur ni à l'intérieur, ni même dans le cercle de son entourage intime.

Depuis que Mazarin avait mêlé le sang italien au sang des Bourbons, il faut s'étonner de l'influence extraordinaire que les femmes ont exercée sur les destinées de la France, influence qui fut toujours désastreuse. La déférence que montra Louis XIV pour les conseils de Mme de Maintenon ne saurait être contestée. C'est sur elle que doit retomber en grande partie la responsabilité de cette longue suite de calamités qui assombrit le déclin du grand règne. Sous Louis XV, Mme de Pompadour tint pendant plusieurs années les rênes de l'État et inaugura la décadence de la nation. La faiblesse et l'ineptie de Louis XVI forcèrent l'infortunée Marie-Antoinette à prendre en main le gouvernail, et de fautes en fautes, elle arriva à la plus horrible des catastrophes. Joseph de Maîstre a dit avec raison que les peuples n'ont jamais que le gouvernement qu'ils méritent. Les moeurs de la nation marchaient à l'unisson des moeurs royales. Le Comte de Maurepas, Ministre des affaires étrangères de Louis XVI., et si connu par la causticité de son esprit, donnant à souper, avait près de lui le Marquis de Fayanne, Lᵗ Général des armées du roi. „Qui est donc ce jeune homme, que je vois au bout de la table? demanda le Marquis. Il parait appartenir à l'armée, et je suis surpris de ne pas le connaître." „Vous ne le connaissez pas, Mr. le Marquis, répliqua Mr. de Maurepas, tant pis pour vous. Ce jeune homme est l'amant de ma cousine, près de laquelle il est assis, et il la gouverne absolument. Ma cousine gouverne ma femme, ma femme me gouverne, et moi je gouverne la France." L'illustre prince Henri, frère de Frédéric II, se trouvait alors à Paris, et Sénac de Meilhon, Intendant de Valenciennes, lui raconta cette saillie en ajoutant que ce qui la rendait plus piquante, c'est que le Comte de Maurepas n'avait dit que l'exacte vérité. „Ces gens-là ont bien de l'esprit, reprit le Prince, et ils savent admirablement jouir de la vie, mais ils finiront par passer un très-mauvais quart d'heure."

De nos jours, la Duchesse d'Orléans ne fût pas étrangère à des intrigues qui, dans les derniers moments, affaiblirent encore un pouvoir déjà si faible. Enfin, l'impératrice Eugénie était destinée à donner le coup de grâce à la dynastie Napoléonienne.

Cette princesse ne manquait pas de quelques qualités. Elle avait plutôt de la fermeté, un certain bon sens, de la hauteur dans ses sentiments. Son goût pour les plaisirs frivoles et son ignorance absolue des affaires l'avaient tenue éloignée des conseils de l'État. Elle avait toujours eu confiance dans la sagesse de l'Empereur. Mais lorsqu'elle vit son intelligence décroître rapidement et la situation devenir critique au point de mettre en question la régence et la transmission de la couronne à son fils, elle jugea qu'il était temps de veiller elle-même à des intérêts d'une telle importance. Sous l'impression des circonstances, elle devait arriver tout naturellement à la conviction qu'une guerre avec la Prusse était le meilleur moyen de relever le prestige de l'Empereur et de sauver la dynastie.

Elle trouva malheureusement parmi les nouveaux ministres des hommes ardents à seconder ses vues. Mr. Emile Olivier, le maréchal Leboeuf et le Duc de Gramont furent fascinés par la perspective d'assoir leur

fortune sur une base inébranlable, s'ils re-
plaçaient tout d'un coup la France à l'apogée de sa grandeur. Mr. Emile Olivier était
un avocat marseillais d'une vanité tellement
prodigieuse, qu'elle était un phénomène même
à Paris, même à Marseille. En tout ce qui
concernait la guerre et les relations exté-
rieures, son ignorance était absolue. Le Maréchal Leboeuf passait pour un bon soldat,
mais il était léger, présomptueux, et ne tarda
pas à prouver qu'il était l'homme du monde
le plus incapable de diriger une vaste administration. Le Duc de Gramont, aussi connu
par les agréments et l'élégance de sa personne que par la nullité de son esprit, avait
été l'un des coryphées de cette école de diplomatie qu'avait créée Napoléon III, et qui
semblait n'avoir d'autre prétention que celle
de prouver qu'elle n'avait jamais respiré
l'atmosphère des cours. „La parole a été
donnée à l'homme pour déguiser sa pensée,"
disait Talleyrand: cette diplomatie ne prenait
même pas la peine de déguiser ses mensonges.

Dès lors, l'Empereur se vit entouré de
conseils et d'obsessions dont il ne pouvait

pas suspecter la source, et qui triomphèrent peu-à-peu de ses répugnances personnelles. Hébété par un caprice qui épuisait ses dernières forces, il n'examinait plus rien de ses propres yeux. Le Maréchal Leboeuf lui persuadait que l'armée n'avait jamais été sur un pied plus formidable. Le Duc de Gramont lui répétait que l'Autriche brûlait du désir de se venger, et que le sud de l'Allemagne supportait impatiemment la suprématie prussienne. Assertions toutes également fausses. L'Autriche, tenue en respect par la Russie, n'avait pas la liberté de ses mouvements. L'Allemagne n'aspirait qu'à son unité. Tous les services de l'armée française se trouvaient dans un état de désorganisation complète.

Il est avéré aujourd'hui que la candidature du Prince de Hohenzollern au trône d'Espagne avait déja été mise sur le tapis, et que le journal des Débats l'avait dénoncée à toute l'Europe sans exciter la moindre sensation. Dans l'excès de leur impatience, l'impératrice Eugénie et ses conseillers saisirent avidement l'occasion. L'Empereur fut entraîné. Il n'est même pas certain qu'il eût autorisé le Ministre des affaires étrangères à prononcer devant le corps législatif les paroles téméraires qui engageaient l'honneur et la dignité de la France. Mais à partir de ce moment, il se jeta hardiment dans la voie qui lui était tracée. Les exigences absurdes qu'il souleva lorsque les démarches officieuses de l'Angleterre et la modération du cabinet de Berlin semblèrent lui ravir cette guerre qu'il considérait déja comme une proie, l'impudence avec laquelle il traita le Roi de Prusse lui-même, se sont là des preuves irrécusables qu'il avait brûlé ses vaisseaux, qu'il était déterminé à jouer le tout pour le tout!

Un fait reste donc en dehors de toute discussion: Tant que les intérêts nationaux lui semblèrent seuls exiger la guerre, Napoléon hésita, recula, maneuvra dans le but d'éviter cette dangereuse extrémité. Mais du jour où l'avenir de sa dynastie lui parut mis en question, il prit soudainement son parti et avec la plus coupable imprévoyance lança la France dans les hasards d'une lutte inégale.

Il est inexact de prétendre que la déclaration de guerre fut accueillie par les populations avec enthousiasme. L'agitation n'avait pas pénétré dans les masses. Rien n'eût été plus facile que de donner à l'opinion publique une autre direction. Personne ne désirait voir s'engager une lutte désespérée entre la race latine et la race germanique. Mais il est vrai que l'agrandissement de la Prusse inspirait une violente jalousie et que la défaite de ses armées aurait exalté la vanité nationale jusqu'au délire.

Au milieu de toutes les fautes qui devaient fatalement aboutir à un désastre, se produisirent deux incidents, qui ne pouvaient pas être prévus, et qui précipitèrent les évènements en donnant à la catastrophe des proportions inouïes.

Le Maréchal Mac Mahon trompa complètement la confiance que le pays et les troupes avaient mise en lui. Doué d'une bravoure à toute épreuve, homme de devoir avant tout, esclave rigide de sa parole, il dévoila une incapacité absolue de diriger de vastes opérations militaires et de dominer de grandes complications politiques. Il ne se montra même pas à la hauteur du commandement sur les champs de bataille.

Le Maréchal Bazaine, voyant les fâcheux débuts de la campagne, oublia bientôt toutes les considérations stratégiques pour ne se préoccuper que des calculs d'une ambition dont il avait déja donné des preuves au Mexique. Il ne songea qu'à ménager ses troupes et à conserver intacte entre ses mains cette magnifique armée, qu'il supposait devoir rester la dernière force organisée du pays, et à la tête de laquelle il se flattait de pouvoir dicter les conditions de la paix.

Mais tout s'écroula à la fois: la dynastie, l'armée et la France.

Si, dans ce drame gigantesque qui vient de se jouer, le Comte de Bismark a pris la part la plus brillante et la plus audacieuse, le Prince Gortschakoff ne s'est pas montré moins habile. Sans la coopération de la Russie, la Prusse eût été incapable de conquérir une telle prépondérance en Europe. L'Empereur Alexandre, lorsqu'il rencontra l'Archiduc Albert à Varsovie lui dit: „Je ne puis pas, mon cher Archiduc, vous donner une meilleure preuve de mes dispositions amicales envers l'Autriche, qu'en vous parlant ouvertement. J'ai pris à Berlin les engagements les plus positifs, dans l'hypothêse d'une guerre entre la France et l'Allemagne. Je marcherai avec toutes mes forces, si l'Autriche met en mouvement un seul bataillon." Ainsi, sans tirer l'épée, sans dépenser un rouble, la Russie s'est vue l'arbitre de l'Europe, et en portant un coup mortel à la France, elle a ébranlé la suprématie de l'Angleterre. Lancés désormais par le Comte de Bismark dans cette voie fatale, les évènements prouveront plus clairement de jour en jour que les victoires prussiennes étaient aussi des victoires russes. Ce n'est pas vainement que l'opinion publique s'est émue en Angleterre. Ce grand pays, qui saisit toujours avec promptitude et sagacité les vicissitudes de ses intérêts nationaux, a déja compris les périls que créait cette destruction complète de l'équilibre européen.

Parmi les scandales et les turpitudes qui defraieront longtemps la malignité publique, un drame étrange qui se passa aux Tuileries avant la guerre de Crimée mérite d'être cité.

L'Empereur, pendant une matinée, reçut dans son cabinet le Prince Jérôme, le Maréchal St. Arnaud et un général d'infanterie, nommé Cornemuse. Il avait déposé dans un secrétaire ouvert trois liasses de billets de banque, de cent-mille francs chacune. Lorsqu'il voulut prendre cet argent, son étonnement fut extrême de ne plus trouver que deux liasses. Ses soupçons se portèrent immédiatement sur le Maréchal, dont il connaissait la prodigalité. Mais celui-ci repoussa l'accusation avec une telle énergie que sa conviction fut ébranlée et qu'il résolut d'étouffer cette triste affaire. Malheureusement, quelques jours plus tard, une invitation aux Tuileries mit en face l'un de l'autre le Ministre et le Général. À sa vue, St. Arnaud ne put contenir sa fureur, car dans la violence de l'altercation il avait arraché à l'Empereur les noms des deux autres personnes qui avaient pénétré dans son cabinet. Il alla donc droit au Général, et après avoir échangé quelques propos, sur l'escalier même des Tuileries, au milieu des convives épouvantés, ces deux hommes mirent soudainement l'épée à la main. Cornemuse fût mortellement blessé au ventre, le Maréchal, moins grièvement atteint, reçut également un coup d'épée dans les entrailles. Les gens le portent dans sa voiture et le malheureux général est transporté dans une mansarde du château. Là, sans pouvoir proférer une parole, il rendit le dernier soupir entre les bras du Général Comte Tascher de Lapagerie, G^{rd} Maître de l'Impératrice.

Après cet horrible esclandre, le Prince Jérôme crut qu'il était d'un galant homme de rompre le silence. „Je ne puis comprendre, dit-il, tout le bruit qu'on fait pour une pareille bagatelle. J'ai regardé comme une chose toute simple de prendre chez mon neveu cette chétive somme, moi qui réclame depuis tant d'années les neuf millions qui me sont dûs pour la liquidation de mon royaume de Westphalie, et qui ne peut pas en obtenir un sou.“

Telles étaient les moeurs de cette famille des Bonaparte, si chère à la France. Il faut le reconnaître, un lien les unissait. Les Bonaparte n'avaient pas de préjugés: la France n'avait pas de préjugés.

C'en est fait de la dynastie Napoléonienne, elle n'est déjà plus qu'un souvenir. Mais la France! Est-elle aussi condamnée à périr?

On entend répéter de toutes parts qu'elle est douée d'une vitalité inépuisable et qu'elle n'aura fait que traverser une nouvelle crise. C'est la plus grave des erreurs! Dans sa décadence, elle avait maintenu jusqu'à ce jour son prestige d'énergie belliqueuse. C'était là sa principale force, elle vient de la perdre. La centralisation la tue, et il est douteux qu'elle pût détruire la suprématie de Paris, sans s'exposer à un démembrement. Elle ne saurait plus vivre qu'au sein du luxe et de l'opulence, mais le commerce et l'industrie, sources de ses richesses, l'infectent de populations corrompues et ingouvernables. Déchirée sans relâche par les discordes civiles, ni les haines héréditaires, ni les instincts de sa race, ni les vices du caractère national ne lui laissent l'espoir de rétablir parmi ses citoyens la concorde et l'harmonie. Il était devenu impossible de gouverner la France autrement que par des expédients empiriques; il fallait perpétuellement provoquer des convulsions pour guérir des convulsions. La révolution de 93 n'a pas seulement démoli toutes les institutions sociales, elle a perverti le caractère des Français et

détruit les qualités qui semblaient inhéren-
tes à leur nature. Tacite, flétrissant les outrages infligés aux filles de Séjan, croyait
sans doute avoir signalé à la postérité les
derniers excès de la brutalité et de la fé-
rocité de l'homme. Mais les bourreaux de
César pâlissent en face de ces juges parisiens, qui de sangfroid, et avec les formes
juridiques, ordonnent d'exercer sur le cadavre
de Charlotte Corday un attentat infâme. Lorsque Napoléon fit massacrer la nuit, sur la
plage de St. Jean d'Acre, deux mille prison-
niers Turcs à coups de baïonnettes, il ne
trouva dans toute l'armée qu'un seul officier,
le colonel Boyer, qui osa déclarer qu'il était
un soldat, et non un bourreau. Et de nos
jours, pas une voix ne s'est élevée dans la
presse française pour réprouver le Général Pé-
lissier, enfumant dans des grottes des tribus
arabes. Florus, il y a deux-mille ans, racon-
tait un crime semblable, et déclarait que la
renommée du peuple romain en serait éter-
nellement souillée. Cependant, au milieu de
débordements sans nom, les écrivains français n'ont su découvrir que des actes de
vertu et d'héroïsme. Un journal anglais, le

Times, s'écriait un jour: „La France n'est plus une nation, elle n'est plus qu'une populace (but a mob)." Mais dans .ses livres, dans ses journeaux, dans ses académies, dans ses assemblées politiques, cette populace était saturée d'adulations. Elle était vantée comme une race supérieure, une race vouée à la régénération du monde. Sous la plume des Thiers, des Mignet, des Louis Blanc et de tant d'autres, l'histoire était devenue un⸱ immense mensonge, un effort désespéré d'anéantir tout sens moral, un défi audacieux porté à la conscience des générations futures.

L'Église a-t-elle su échapper à cette désorganisation effrayante de toutes les forces vitales de la nation, et la sève régénératrice, qui semble épuisée dans nos institutions sociales, s'est-elle conservée dans nos institutions religieuses? Nous voudrions le croire, mais nous ne pouvons nous en convaincre.

Le clergé, exemplaire dans ses moeurs, n'a plus le pouvoir d'arrêter la dépravation des masses. Rendu presque entièrement dépendant de son Evêque par le concordat, séparé de tous les intérêts matériels du pays, privé, par sa position subalterne dans l'Église et par sa robe suspecte aux idées règnantes, de l'exercice de la plupart de ses droits de citoyen, il a tout naturellement cherché son appui au Vatican. Elevé dans les séminaires, où l'instruction se borne à un enseignement théologique suranné et mesquin, éloigné des études sérieuses, il a perdu toute influence sur les esprits cultivés. Sans discipline intellectuelle, sa littérature ecclésiastique n'est plus, la plupart du temps, qu'une phraséologie dévote où l'on ne trouve ni arguments ni idées. De son temps, l'Abbé de St. Cyran se plaignait de ce qu'on ne lisait plus les Pères: maintenant on ne lit plus rien! Tout ce qui n'est pas langage de sacristie est devenu suspect. Comme la société, l'Eglise de France a rompu avec son passé. Il fallait un Evêque pour oser insulter au grand nom de Bossuet, et „l'homme dont il s'agit" de Monseigneur Mabille, vivra longtemps à la honte de l'Eglise de France. C'était vouloir insulter à la fois la science, l'éloquence et la religion.

Pour faire face à une incrédulité brutale et insultente, on a eu recours à des superstitions puériles, à des fétichismes dignes des peuplades nègres. Tantôt c'est un certain scapulaire qu'il faut coudre sur son habit; le lendemain, je ne sais quelle prière, révélée à je ne sais quelle religieuse, qui doit préserver de tout accident. Il n'y a pas de prophéties assez stupides et assez démenties par l'évènement auxquelles on ne voie les personnes les plus haut placées de la société ajouter créance, pas de miracle absurde qu'on n'adopte. Depuis nombre d'années, la presse catholique rivalise avec la presse incrédule en colomnies, en mensonges, en vulgarités. Dans ce moment suprême, pendant que leurs antagonistes blasphêment „le Dieu qui s'est fait prussien" les feuilles cléricales n'ont rien trouvé de mieux que de prêcher à la France une croisade contre l'hérésie, c'est à dire la science moderne.

Si Dieu, dans le christianisme, est un Esprit qu'il faut adorer en esprit et en vérité, il faut avouer que ce Dieu n'existe plus pour les races latines. Il est temps de leur demander compte du rôle qu'elles ont joué dans le monde. Issues des idées féodales et théocratiques, elles ont épuisé la sève qu'elles ont reçue de leur origine Politiquement, après avoir traversé toutes les phases de la ruse et de la violence, elles sont tombées dans la démagogie et l'anarchie. Religieusement, après avoir passé par l'inquisition, les schismes, le scepticisme, elles sont arrivées à la superstition et à l'athéisme. Moralement, leurs richesses et leurs vices les ont énervées jusqu'à l'impuissance; elles ont perdu cette énergie belliqueuse dont leur jeunesse et leur virilité avaient donné tant de preuves. Ainsi elles périssent comme ont péri ces Grecs et ces Romains dont elles sont descendues. Un historien allemand remarque qu'à l'époque de la décadence des républiques de la Grèce, toutes les distinctions sociales étant abolies, les luttes civiles ne s'engageaient plus qu'entre les riches et les pauvres. C'est exactement l'histoire de la France. Dans ce tourbillon de révolutions, dont elle offre aux temps modernes le spectacle plus ou moins dramatique, si on veut aller au fond des choses, on ne découvre que des individus indigents, impatients de dépouiller des individus opulents. L'ambition même n'a plus de raison d'être là où le pouvoir ne donne ni sécurité, ni considération. Les nations païennes avaient étalé des passions plus brutales et plus sanguinaires, mais non une démoralisation aussi profonde et aussi raffinée. On ne voit pas qu'à Athènes et à Rome les sentiments naturels aient jamais été déracinés au point que l'infanticide fut devenu un crime endémique. Mais il a été officiellement constaté qu'à Paris et dans plusieurs provinces, les deux tiers des enfants illégitimes étaient systématiquement sacrifiés à l'avarice et à la débauche. Et n'est-ce pas un avertissement fatidique, de voir dans l'ancien comme dans le nouveau monde tous les peuples du même sang donner le spectacle du même abaissement et de la même ruine? N'est-il pas permis d'en conclure que ce sang est épuisé.

De nouvelles générations se lèvent, issues d'une autre origine, et semblent promettre à l'humanité une civilisation meilleure. Les idées sereines et honnêtes de Herder paraissent appelées à remplacer les maximes odieuses de Machiavel. Les États-Unis, l'Angleterre, l'Allemagne, la Suisse, convergent vers les mêmes tendances sociales et présentent un magnifique témoignage du génie politique de la race anglo-saxonne. C'est à elle désormais qu'appartient la suprématie des destinées humaines.

RATISBONNE. — Imprimerie MANZ.